D. DRAGHICESCO

Sénateur du royaume de Roumanie.

L'Intervention Roumaine

dans la

Guerre Mondiale.

EXTRAIT DU « MONDE SLAVE »

Revue mensuelle. — 1re année, n° 6.

PARIS

19/21, RUE CASSETTE

L'Intervention Roumaine
dans la Guerre Mondiale

Dans le programme publié en tête du *Monde Slave*, MM. Denis et de Caix ont consacré au peuple roumain une page inspirée des sentiments les plus nobles et les plus bienveillants. Comme l'Histoire universelle, ils font dans leur revue, aux Latins du Danube, une place dans l'orient de l'Europe au milieu du monde slave. Les Roumains tâcheront d'être toujours des voisins loyaux et pacifiques pour tous les peuples slaves.

Maintenant qu'est tombé le tsarisme qui fut souvent un danger et toujours une menace pour l'indépendance de la Roumanie, la sympathie, la confiance réciproque et la solidarité entre Latins et Slaves d'Orient ne feront que grandir et se consolider. Par la faute du tsarisme, dans le passé, le slavisme prenait souvent la couleur d'un panslavisme dangereux et redoutable. Nombre des malheurs qui accablent actuellement la Roumanie tirent leur origine, précisément, de l'expérience historique que nous fîmes du tsarisme.

I

LES ORIGINES DE LA POLITIQUE ALLEMANDE EN ROUMANIE.

Le dénouement de la guerre russo-turque, en 1878, a pesé lourdement sur la politique extérieure de la Roumanie et en a déterminé l'orientation ultérieure, dont nous supportons aujourd'hui les conséquences néfastes. Comme on sait, le gouvernement tsariste, après avoir sollicité et obtenu le concours de l'amée roumaine, grâce à laquelle il évita un désastre devant Plevna, et gagna la victoire, récompensa la Roumanie en annexant en 1878 la Bessarabie qui était roumaine, et en offrant en échange à la Roumanie la Dobrodgea. Bien qu'habitée par une population en majorité roumaine, la Dobrodgea pouvait faire l'objet de futures revendications bulgares, à cause d'un certain nombre de Bulgares qui s'y rencontrait. Les Bulgares, protégés des Russes, nous en voulurent donc, bien à tort, à cause de la Dobrodgea, et en même temps les Russes, qui nous avaient pris la Bessarabie, nous restèrent hostiles, à cause des protestations que nous élevâmes au Congrès de Berlin contre cette spoliation. Dans ces conditions, devant la réelle inimitié que leur montraient, en parfait accord, leur puissant voisin russe du Nord-Est et son protégé bulgare au Sud, les Roumains ont dû se considérer comme en danger. Autant ils avaient, depuis de longs siècles, vécu en bons rapports avec le peuple russe, autant le tsarisme s'était toujours montré un ennemi dangereux pour l'indépendance politique de leur pays. Pour parer à ce danger, les hommes politiques roumains, Jean Bratiano surtout, partisan et admirateur enthousiaste de la démocratie et de la civilisation françaises, s'adressèrent à la France, pour qu'elle s'entremît entre la Russie et la Roumanie et qu'elle usât en notre faveur de son influence auprès des Russes. Or, à ce moment, vers 1883, la France, préoccupée de guérir ses propres blessures, ne pouvait pas accorder une attention suffisante aux souffrances des autres et, elle-même menacée, se charger de garantir la Roumanie contre d'autres menaces. C'est alors que les Roumains, sous l'impulsion du roi Carol, — impulsion naturelle et inévitable, — se tournèrent du côté de l'Autriche-Hongrie et se jetèrent dans les bras de l'Allemagne. Il est certain que les Allemands firent de leur mieux pour entretenir et développer leurs appréhensions contre les Russes. D'un côté ils avaient tacitement encouragé le tsar à nous prendre la Bessarabie, de l'autre ils attisaient chez nous les sentiments anti-russes, et ils exagéraient le danger que le tsarisme pouvait nous faire courir.

Ils se présentèrent alors comme des sauveurs. Un traité d'alliance fut conclu d'abord avec l'Autriche-Hongrie, et ensuite avec l'Allemagne. Pour la garantir du danger russe, ils conseillèrent à la Roumanie des travaux de fortifications très coûteux autour de Bucarest et sur la ligne du Sireth. Du même coup, sans aucun sacrifice de leur part, ils nous donnaient un sentiment de sécurité et gagnaient des commandes très importantes pour la maison Krupp. Au point de vue économique, pendant les trente ans que dura l'alliance conclue par le roi Carol, la Roumanie fut mieux qu'une colonie austro-allemande, elle offrit à l'industrie allemande un débouché très important et sûr, un vrai monopole. Les importations industrielles de la Roumanie dépassaient de beaucoup ses exportations de céréales. Pour rétablir la balance financière, nos rapports avec les empires centraux se soldèrent par une série d'emprunts qui firent de la Roumanie un tributaire docile des grandes banques de Berlin.

En même temps, l'influence intellectuelle de l'Allemagne commença à se faire sentir de plus en plus parmi les jeunes générations. Les jeunes gens, qui, auparavant, ne connaissaient que l'Université de Paris, apprirent le chemin de Berlin et de Leipzig. L'enseignement technique et économique de l'Allemagne recrutait toujours plus de disciples parmi les étudiants roumains. Quant à l'éducation militaire et à la préparation des officiers, les écoles allemandes, lorsque fut connue l'alliance avec l'Allemagne, se substituèrent aux écoles françaises qui, à juste titre, se méfiaient des nouveaux alliés des Allemands. Naturellement, comme l'Allemagne assurait la préparation de nos officiers, l'industrie de guerre allemande devait nous procurer tout notre matériel militaire. Fusils, canons. mitrailleuses, obusiers, obus, tout nous vint des usines d'Essen. Dans ce domaine, le monopole de l'Allemagne en Roumanie fut absolu.

Mais avec l'emprise industrielle et militaire germanique devait se produire aussi la mainmise financière de Berlin sur le marché roumain. Les grandes banques allemandes et autrichiennes créèrent bientôt des succursales à Bucarest et dans les principales villes roumaines. Telles furent la Banque générale, la Banque agricole, la Banque de Crédit roumaine. A la suite des banques, les entreprises et les grandes sociétés d'exploitation pétrolifères et industrielles allemandes, comme, par exemple, la « Steaua Romana », les sociétés forestières « Lotru » et « Gœtz », affluèrent en Roumanie et accaparèrent les affaires les plus importantes que le sol riche du pays offrait en abondance. En un mot, la Roumanie fut et devint pour l'Allemagne une colonie idéale, à portée de la main, qui, sans exiger aucun sacrifice, rapportait des bénéfices considérables à la finance et à l'industrie germaniques.

C'est dans ces conditions que la guerre balkanique et ensuite la guerre mondiale surprirent la Roumanie.

Déjà, pendant la guerre balkanique, la politique de duplicité de l'Autriche avait contribué à dessiller les yeux de nos hommes d'État les plus clairvoyants. Dès ce moment la Roumanie se vit obligée de changer l'orientation de ses relations internationales. Un rapprochement avec la France et avec la Russie s'imposait, le spectre du danger russe hantait moins les consciences roumaines. Une simple visite du tsar à Constanza, où le roi Carol se sentit très flatté de le recevoir, changea du tout au tout l'axe de la politique extérieure de la Roumanie. Seulement cette visite et ce changement se produisirent à la veille même de la guerre mondiale. Le temps nécessaire pour se soustraire à l'emprise militaire et économique de l'Allemagne manqua aux hommes d'État et aux armées de la Roumanie.

II

L'HÉSITATION DE LA ROUMANIE ET LES DIFFICULTÉS MILITAIRES.

On comprendra, dans ces conditions, quelle fut la perplexité du gouvernement roumain lorsque, le lendemain de la déclaration de guerre, l'Allemagne lui rappela le traité d'alliance qui, depuis trente ans, rivait la Roumanie à la politique impérialiste de Berlin. La réponse que l'Italie, dans les mêmes conditions, avait donnée à la demande allemande, fut d'un grand soulagement pour M. Jean Bratiano, auquel le roi Carol n'hésita pas à faire valoir les exigences allemandes. M. Bratiano se prévalut de l'attitude et des arguments de l'Italie et obtint du roi Carol que la Roumanie se rangeât à la neutralité. Porter la Roumanie contre la France eût été un parricide; lutter à côté des oppresseurs de nos frères subjugués en Hongrie, fortifier ainsi la tyrannie magyare et préparer la tombe des Roumains de Transylvanie, un fraticide. Comment la Roumanie en eût-elle été capable? Même la neutralité lui pesait, et sa décision fut pour une neutralité armée.

Entre temps, le roi Carol mourut, peu après l'échec de l'Allemagne sur la Marne. Très ému déjà du traitement que les Allemands avaient infligé à la Belgique et au roi Albert, son neveu, il eut de la Marne l'impression que la puissance de l'Allemagne allait s'effondrer et que son pays adoptif ne pourrait rester neutre. La perspective d'avoir à prendre les armes contre sa patrie et ses parents l'épouvantait. On avait parlé d'abdication. La mort vint à temps pour lui épargner de plus grandes amertumes.

Dès l'automne de 1914, M. Bratiano, pensant comme tout le monde que la guerre ne durerait que quelques mois, se mit en contact avec les puissances de l'Entente, et en particulier avec la Russie, et conclut avec elles une convention où, en échange de sa neutralité, précieuse pour la Russie, la Roumanie faisait reconnaître ses droits sur la Transylvanie et la Bukovine.

Mais l'hiver et le printemps suivant prouvèrent que la guerre se prolongerait et que le militarisme allemand avait la vie dure. Il devint de plus en plus évident pour M. Bratiano, comme pour les autres hommes d'État roumains, que la neutralité ne suffisait pas, que la Roumanie devait prendre parti et que son honneur exigeait enfin qu'elle se mit du côté des nations qui, en luttant pour la justice et la liberté en général, luttaient pour la liberté de petites nations et la justice envers les peuples opprimés. Mais alors, pour le ministre et pour le peuple, la situation devint tragique et déchirante. Leurs sentiments et leur juste cause se trouvaient dans l'un des camps, et, par la mainmise allemande sur la Roumanie, presque toute la force militaire et économique du pays se trouvait au pouvoir du camp adverse.

Voici, en résumé, les considérations qui pesaient alors dans la balance des décisions de la Roumanie.

L'organisation économique, militaire et financière du pays, depuis trente ans, s'était faite avec le concours de l'Allemagne : elle était donc en bonne partie conçue et dirigée par des Allemands et orientée dans leur sens et en leur faveur. Pour prendre parti contre l'Allemagne, il nous fallait, du jour au lendemain, transformer toute notre situation économique et les bases mêmes de notre organisation militaire, défaire et refaire en quelques mois tout le travail de trente années. C'était chose non pas même malaisée, mais proprement impossible. La Roumanie, pays agricole, dépourvu de mines de charbon, de fer et d'autres métaux, était dans l'impossibilité absolue d'improviser une industrie de guerre à elle. Elle était donc réduite dans cette guerre, qui se montrait avant tout guerre d'industrie militaire, à avoir recours à l'industrie des belligérants ; seuls les Allemands pouvaient lui procurer en abondance le matériel nécessaire, et disposaient de communications assez commodes et courtes pour le lui livrer où le besoin s'en ferait sentir. La voie du Danube et un réseau de chemins de fer très développés s'offraient aux transports. Par contre l'Angleterre et la France, les plus industrielles parmi les puissances alliées, n'avaient pu étendre leur production de canons et de munitions jusqu'à se suffire à elles-mêmes. Quant aux moyens de transports, excepté la voie de Salonique, desservie par une seule ligne de chemin de fer, médiocre et mal pourvue de matériel roulant, à peine suffisante pour approvisionner la Serbie, il ne restait que le Transsibérien et la voie d'Arkhangel.

Bientôt la voie de Salonique, après l'écrasement de

la Serbie, fut coupée. Toute coopération de la Roumanie avec les Alliés se trouvait donc, pour le moment, exclue. Seule, la Russie voisine aurait pu communiquer facilement avec nous, nous venir en aide, conduire une action commune avec nous. Mais elle manquait elle-même de munitions et d'armement, et ce fut la cause des revers qu'elle subit par la suite à plusieurs reprises.

La situation de la Roumanie était telle que, si elle se décidait à intervenir à côté des puissances centrales, elle voyait ses forces militaires augmenter considérablement, en raison de la profusion de munitions, canons, fusils, engins guerriers de toute sorte qu'elle recevrait, tandis que, si elle devait intervenir en faveur des Alliés, les distances, la pénurie des moyens de transport, son isolement presque complet, réduisaient sa force militaire jusqu'à la rendre presque négligeable. Un million de soldats, armés jusqu'aux dents, pourvus de munitions à satiété et commandés par des Allemands, auraient sans doute contribué à écraser la Russie et — indirectement — la France, et avec elle la cause de la liberté et de la justice. Le même million de soldats, réduits aux moyens que la Roumanie avait pu obtenir des Allemands ou arracher aux Autrichiens, ne valait pas plus de 200.000 hommes. Insuffisamment approvisionnée par les Alliés, l'armée roumaine perdait en tous les cas 70 % de sa valeur et l'appui qu'elle apportait à la cause commune était loin d'être en proportion de ses sacrifices.

Tout le temps de notre neutralité, l'Allemagne n'a pas cessé un moment de faire valoir devant les hommes politiques roumains toute la force de ces raisons, qui n'étaient point négligeables. Les diplomates allemands, en même temps, s'efforcèrent de procurer à la Roumanie d'autres motifs encore de pencher de leur côté. Ils nous promettaient, non seulement la Bessarabie et les régions roumaines d'outre Dnjestr, mais aussi la Bukovine, et se faisaient forts d'obtenir des Magyars, sous la garantie de l'Allemagne, certains droits et certaines libertés pour les Roumains de Hongrie. A tout cela s'ajoutaient encore les avertissements décourageants que des amis politiques de M. Bratiano ne cessaient de lui donner sur l'état des choses en Russie et sur les éventualités qui devaient s'y produire. Entre autres, M. C. Stere et MM. Arbore et Nour, mais le premier surtout, dans des études sérieuses, solidement documentées, avaient démontré que la Russie était minée par des tendances séparatistes, à peine contenues par la scandaleuse oppression tsariste. M. Stere avait laissé entrevoir à M. Bratiano que la puissance tsarienne pouvait un jour ou l'autre s'effondrer sous les coups de la Révolution et qu'alors la Roumanie, isolée, à la merci des Allemands, serait irrémédiablement perdue.

Toutes ces considérations, plus graves les unes que les autres, auraient rendu hésitant tout homme politique roumain, et n'étaient pas de nature à faciliter la prompte décision de M. Bratiano. Mais une impression plus forte était produite sur son esprit par la crainte que le hasard d'un brusque changement politique ne jetât le million de soldats roumains, avec leurs armes et leurs munitions allemandes, dans le camp des empires centraux, et ne déterminât ainsi le désastre de la France et des Alliés, champions de la justice et de la liberté des peuples. Lorsqu'il eut la vision nette de ce risque, il en fut épouvanté et, pour empêcher pareille catastrophe, il prit son parti. Sachant bien que la neutralité ne pouvait pas durer, il se décida définitivement et inébranlablement pour la France et les Alliés. Après tout, la Roumanie devait à la France sa vie et son indépendance : quoi qu'il arrivât, il était juste qu'elle les lui sacrifiât.

Un Jean Bratiano pouvait-il d'ailleurs agir autrement ? Fils de Jean Bratiano, le grand patriote, créateur de la Roumanie moderne et ami enthousiaste de la France et de la démocratie française, il se sentait, lui aussi, irrésistiblement poussé vers la France par la double tradition de sa famille : compléter l'œuvre nationale que son père avait si bien commencée et, comme son père, s'appuyer dans sa politique sur le généreux concours des Français libéraux et démocrates. Comme son père, il a fait ses études à Paris ; élève de l'École centrale, il a passé les années de sa jeunesse dans ce Quartier Latin qui fut toujours le berceau de la pensée et de l'intellectualité roumaines. Ami de la France, mais sans parade, plutôt discret et d'autant plus tenace, c'est ainsi que l'ont toujours connu les hommes d'État français. Il a donné plus d'une preuve de son attachement à la France et de son peu de sympathie pour l'Allemagne, en dépit des sentiments contraires de M. Stourdza qui fut longtemps son chef politique et du déplaisir qu'en pouvait avoir le roi Carol. Devenu à son tour le chef écouté du plus grand et du mieux organisé des partis politiques en Roumanie, il est peu populaire en France. Même dans son pays, d'ailleurs, il n'a rien fait pour cultiver sa popularité. Il défend la juste cause des masses, mais n'en tire ni profit ni vanité. Il fut toujours en Roumanie le meilleur ami de la France, sans que beaucoup de Français s'en doutassent. Dans notre époque de démocratie et de démagogie, il est un paradoxe. La réclame tapageuse, même la réclame modeste, lui répugne souverainement, et la réclame à l'étranger plus encore que dans le pays. C'est pourquoi, en France, on était peu édifié sur son compte, et c'est ce qui lui valut à plusieurs reprises des ironies sanglantes qu'il était loin de mériter, et au moment même où il les méritait le moins.

C'est peut-être qu'à son retour en Roumanie il se voua trop exclusivement à l'étude des grands problèmes qui se posaient dans son pays et qu'il s'identifia trop complètement avec les intérêts de sa patrie. Plus qu'aucun autre homme politique roumain, il épousa les aspirations de son peuple, s'y donna tout entier, et elles absorbèrent toute son attention. Tandis que ses émules, souvent, regardaient au delà la frontière, il s'enferma dans le cercle des questions sociales intérieures et poussa ses racines uniquement dans le sol national. Et c'est par un sens approfondi des intérêts de la Roumanie, solidaires de ceux de la France, qu'il se décida à suivre la voix de son penchant personnel, la voix de la tradition qui avait été celle de la Roumanie sous la direction éclairée de son père.

L'histoire ne se répète pas. Mais, si les circonstances favorisent jusqu'à la fin l'action et la carrière politique de M. Bratiano, on verra se reproduire en Roumanie, avec les deux Bratiano, le père et le fils, ce qui s'est produit en Angleterre avec les deux Pitt. De même qu'à la prospérité incomparable de l'Angleterre est attaché le nom des deux Pitt, la résurrection, la création et l'unité prospère de la race roumaine resteront à jamais liées au nom de Bratiano. Il y a plus d'un trait commun entre ces deux filiations politiques et les destinées de ces deux familles.

La vision des véritables intérêts de la Roumanie, qui sont immuablement solidaires de ceux de la France, fut ce qui décida la politique de M. Bratiano.

<h2 style="text-align:center">III</h2>

<h3 style="text-align:center">LA PRÉPARATION DE LA ROUMANIE.</h3>

Dès l'automne de 1914, M. Bratiano commença les préparatifs militaires de la Roumanie pour une intervention prochaine. Et tout d'abord il n'hésita pas à se départir en faveur des Alliés de la stricte neutralité, en interdisant la vente et le transport des céréales pour les Empires centraux. Plus tard, quand la Turquie entra en guerre, il empêcha les transports d'hommes et de matériel de guerre que les Allemands voulaient effectuer par les chemins de fer roumains, et qu'ils cachaient et déguisaient par les ruses les plus ingénieuses. A l'exception de quelques rares détachements d'hommes habillés d'ailleurs en civils et munis de passeports individuels, et de quelques insignifiants envois de matériel, qui passèrent en fraude, les Allemands ne réussirent pas à approvisionner et à renforcer leurs vassaux de Constantinople. Mais ces actes de neutralité bienveillante aux Alliés ne furent pas sans quelques désavantages pour la Roumanie. Les munitions, l'armement et le matériel de guerre commandés en Autriche et en Allemagne et déjà partiellement payés furent retenus.

Le gouvernement roumain, pour parer ce coup, envoya en Italie, en France, en Angleterre et même en Amérique des commissions chargées de faire d'importantes commandes de canons et de munitions. En même temps, le général Iliesco, en qualité de secrétaire général du ministère de la guerre, s'occupa à augmenter, à préparer et à entraîner les effectifs. De 300.000 combattants qu'elle comptait pendant la campagne de Bulgarie en 1913, l'armée roumaine passa, vers la fin de 1915, à plus de 600.000. Les concentrations et les exercices militaires prolongés des classes de réserve accrurent leur esprit combatif et habituèrent le soldat roumain aux mouvements tactiques de la guerre contemporaine.

Officier éminent, intelligence exceptionnelle, brillant artilleur, le général Iliesco a été le camarade de collège et l'ami de jeunesse de M. Bratiano. Celui-ci, devenu chef du gouvernement avec le portefeuille de la guerre, l'appela au secrétariat général de ce ministère. Le connaissant et l'appréciant depuis longtemps, il lui confia non seulement la direction administrative de ce ministère, mais aussi l'organisation de l'armée. Dans les conditions si défavorables où se trouvait le pays et avec les ressources si restreintes dont il disposait, le général fit de véritables prodiges pour préparer l'armée et rendre possible au point de vue technique l'intervention de la Roumanie. Comme M. Bratiano, il a fait en France de brillantes études, à l'École Polytéchnique et à l'École d'application de Fontainebleau ; comme lui, il est un admirateur fervent du génie militaire français. Soutenu par cette ardeur et par son patriotisme, il put réaliser une tâche ardue dont on a peine à mesurer, de loin, la difficulté : en deux ans, changer complètement la direction de la préparation militaire d'une armée qui avait été destinée à lutter aux côtés des Allemands contre les Russes, et la mettre en état de lutter aux côtés des Russes contre les Allemands, alors que toutes ses ressources d'armements et de munitions étaient entre les mains des Allemands. Il lui a fallu mener une lutte de tous les instants pour parvenir à contrebalancer toute l'influence allemande qui s'exerçait encore sur l'armée comme sur le pays et déjouer les intrigues que les agents de la propagande allemande n'ont jamais cessé de diriger contre lui.

Pour fournir autant que possible au besoin de munitions, il transforma, pendant les deux ans de la neutralité, tous les ateliers et les usines qui se trouvaient dans le pays et les mit en état de fabriquer des obus. Au manque des matières premières nécessaires, on suppléa par l'emploi de vieilles ferrailles et de machines de toutes sortes mises hors d'usage. Comme les fortifications et l'artillerie qu'elles contenaient ne devaient plus servir contre les Russes, le général Iliesco en retira les gros canons, dont il modifia le mécanisme de façon à constituer quelques régiments d'artillerie lourde. En même temps, des travaux coûteux et pénibles furent entrepris sur la frontière autrichienne, pour se garantir d'une attaque brusquée que l'on craignait de la part des Empires centraux, et aussi pour créer des routes au bord des précipices des Carpathes, par où les troupes roumaines devaient pénétrer en Transylvanie. Et, afin de porter au maximum le nombre des hommes aptes au service, une révision des dispensés des vingt dernières classes donna quelques centaines de milliers de nouveaux mobilisables. Par une préparation militaire périodique, on obtint ainsi un chiffre d'un million d'hommes, ou même 1.200.000, instruits et prêts à combattre pour la réalisation du séculaire idéal national.

IV

LES DIFFICULTÉS DE LA SITUATION INTÉRIEURE
ET EXTÉRIEURE.

A la veille de la déclaration de la guerre européenne, la Roumanie se trouvait sur le point de réaliser deux grandes réformes, destinées à asseoir sa vie politique et économique sur des bases nouvelles et largement démocratiques: la réforme électorale et la réforme agraire. Le Parlement roumain, élu pour cette mission, était une Constituante. Le projet de réformes de M. Bratiano avait été violemment combattu par ses ennemis politiques, MM. Filipesco et Al. Marghiloman, chefs du vieux parti conservateur. Par contre, M. Take Jonesco, chef du parti conservateur-démocrate, y avait donné son adhésion, sous quelques réserves seulement au sujet de la réforme électorale. L'opinion publique était donc assez agitée et divisée au moment où la guerre éclata. La conflagration générale offrit au peuple roumain une occasion inespérée de réaliser son unité nationale. Mais elle nous surprenait dans un moment de transformation intérieure radicale. Les classes populaires, rurales surtout, peu satisfaites par les réformes partielles réalisées antérieurement, attendaient de la Constituante leur complète émancipation économique et politique. La grande masse des paysans roumains possédait à peine la moitié du sol national, tandis que l'autre moitié appartenait à quelques milliers de familles. C'est à cet état de choses inique que la réforme agraire devait remédier. Le projet de M. Bratiano, devenu loi aujourd'hui, accorde aux paysans 82 % du sol cultivable, et le suffrage universel sous la forme la plus démocratique.

Si la guerre avait éclaté quelques années plus tard, à un moment où la loi agraire aurait eu le temps de porter ses fruits, la situation intérieure de la Roumanie eut été mieux adaptée à l'effort que le pays devait fournir. Mais, en 1914, les paysans étaient dans l'attente, avec toutes les hésitations que comporte cet état d'esprit. En même temps, les grands propriétaires et les classes dirigeantes, mais surtout les grands propriétaires ruraux, inspirés et dirigés par MM. Marghiloman et Filipesco, adversaires des réformes, faisaient une vigoureuse opposition à la politique réformatrice de M. Bratiano.

Cependant la conséquence immédiate de la guerre fut de modifier le groupement des forces intérieures du pays. M. Filipesco et ses partisans vieux-conservateurs se rapprochèrent du groupe de M. T. Jonesco; et

M. Marghiloman, suivi de quelques personnalités
politiques marquantes, alla vers MM. Carp et Maioresco, deux hommes politiques éminents qui se tenaient
isolés. Ce regroupement se fit sur la politique extérieure :
ce fut la sympathie pour les Alliés, la résolution d'orien-
ter en leur faveur la politique étrangère du pays qui
réunit M. Filipesco et M. T. Jonesco, jusque-là adversaires irréductibles ; par contre, M. Marghiloman, leur
rival à tous deux, et redoutable, pour le poste alors
vacant de chef du parti conservateur, se rallia à la
politique extérieure de MM. Carp et Maioresco, qui
était favorable à l'Allemagne.

La position qu'il prit dans les questions internationales entraîna M. Filipesco à adhérer, lui aussi, aux
réformes de M. Bratiano. Sa popularité, son caractère
vigoureusement combatif, et la considération dont il
jouissait parmi les grands propriétaires apportèrent
une grande force à la cause des réformes, non moins
qu'à l'unité morale indispensable au pays en un pareil
moment. Patriote éclairé et actif, il avait été de tout
temps un ami de la France et de la civilisation française,
dont il avait largement subi l'influence. Descendant
d'une illustre famille d'authentiques boyars de la Valachie, il conciliait un culte vraiment religieux de la patrie
avec une doctrine politique purement conservatrice.
Bien qu'il poussât la vigueur de l'action jusqu'à la bru-
talité, il savait cependant sérier et ordonner les problèmes. En sacrifiant les intérêts de sa classe à ceux de
son pays, il contribua à l'apaisement intérieur et à
l'union des esprits si nécessaire dans les heures graves.
Car, avec son tempérament passionné et impulsif, il
aurait pu singulièrement augmenter le trouble de la
situation intérieure, s'il avait mené contre les projets
de réformes une lutte vive et acerbe.

M. Marghiloman, au contraire, pour évincer ses
rivaux et devenir le chef du parti conservateur, exploita
le mécontentement des propriétaires-ruraux, dont les
intérêts devaient être lésés par la réforme agraire, et
prit position pour une neutralité favorable aux Allemands. Les mesures de M. Bratiano, interdiction de

l'exportation des céréales en Allemagne, taxes considérables sur l'exportation du pétrole et de l'essence, trouvèrent en lui un critique acharné et un adversaire implacable. Ces mesures lésaient en première ligne sa clientèle politique de gros propriétaires ruraux et les grandes exploitations pétrolifères : il renforçait donc, par son opposition, sa situation politique, et se trouvait malgré lui poussé vers une politique germanophile. Malgré lui — car personne peut être moins que lui n'était, par ses penchants, porté vers le germanisme. Comme tous les Roumains de sa classe et de sa génération, il fait ses études en France ; sa tenue et ses manières sont d'un parfait gentleman anglais, et son anglomanie d'ailleurs est notoire. Il ne connaît l'Allemagne et la culture germanique que de loin et indirectement. Mais il est un passionné des courses ; son écurie est fameuse dans le pays et à l'étranger, et ses couleurs ont souvent triomphé. Il a trop considéré la politique, l'intérieure et surtout l'extérieure, en amateur de courses. Dans la course à la victoire et à la liberté qu'est la guerre mondiale actuelle, il a cru que c'était le cheval germanique qui devait gagner : les précédents l'indiquaient. Aussi, sans plus consulter ses sympathies personnelles et ses affections, pourtant acquises à la France et à l'Angleterre, il a joué sur lui. Les obstacles qu'il a tâché de mettre à la politique ententophile de M· Bratiano ont été très nombreux et souvent très difficiles à surmonter (1).

Sous la pression de M. Marghiloman et des grands propriétaires, dont les récoltes étaient immobilisées par l'interdiction des exportations en Allemagne et en Autriche, le gouvernement de M. Bratiano dut céder aux empires du Centre et conclure avec eux un contrat pour 50.000 vagons de céréales. Ce contrat, qui facilitait à la Roumanie l'acquisition des produits industriels allemands dont elle avait un si instant besoin, fut mal interprété et âprement critiqué dans les pays de l'Entente. Pour parer à la situation et nous ve-

------

(1) D'ailleurs son attitude, ces derniers temps, est devenue quasi-criminelle contre la patrie et la dynastie.

nir en aide, la Grande-Bretagne passa à son tour un contrat avec le gouvernement roumain, pour 80.000 vagons de blé, livrables six mois après la conclusion de la paix. M. Marghiloman alors se dressa pour se faire l'écho des reproches germaniques. Son attitude et son action, d'accord avec celle des grands propriétaires ruraux qui ne trouvaient plus pour une troisième récolte de place dans les greniers improvisés, imposèrent au gouvernement un nouveau contrat avec les Centraux. M. Bratiano consentit à ce nouveau marché pour éviter un conflit prématuré avec les Allemands, qui devenaient chaque jour plus exigeants et plus menaçants. Conclu presque à la veille de l'intervention roumaine, non sans provoquer d'amères critiques dans les pays de l'Entente, ce dernier contrat n'eut plus le temps d'être mis à exécution.

Lorsque, profitant de ce que les Autrichiens, pour préparer leur attaque contre la Serbie, avaient amené des troupes près de la frontière roumaine, M. Bratiano porta les régiments roumains près de la frontière hongroise, en vue de faire une démonstration contre le projet austro-allemand, il se trouva aux prises avec des difficultés des plus graves, que les partisans de la politique allemande en Roumanie, tels que MM. Marghiloman et Carp, ne manquaient pas de souligner et de compliquer à plaisir. Plus d'une fois, des actes du gouvernement, qui devaient rester ignorés de l'Allemagne, lui furent révélés par les critiques de l'opposition, de M. Marghiloman et de ses partisans.

Pendant qu'il avait à lutter avec ces difficultés, suscitées par les partisans de la politique allemande, le gouvernement de M. Bratiano n'était pas plus heureux avec les amis de l'Entente, avec lesquels, cependant, il eût dû être d'accord, aussi bien dans les questions intérieures que dans la politique extérieure.

Impatients, avec la grande majorité des Roumains, de voir la Roumanie engagée aux côtés des Alliés, affranchis des responsabilités du pouvoir et ainsi complètement libres de leur action, MM. T. Jonesco et Filipesco et leurs nombreux amis allèrent fréquemment jusqu'à accuser le gouvernement de M. Bratiano de tergiverser ou de suivre une politique favorable à l'Allemagne. Souvent même, ils purent faire croire aux Alliés que l'Entente n'avait pas en M. Bratiano un ami sincère: opinion, on l'a vu depuis, fort éloignée de la vérité, mais qui ne facilitait guère la tâche extrêmement délicate du gouvernement roumain. Il est vrai que, par contre, ces accusations contribuaient à endormir les soupçons de l'Allemagne, sans cesse tenus en éveil par les germanophiles de Roumanie. Mais elles n'étaient pas, en fin de compte, sans nuire aux intérêts roumains, à la fois dans l'opinion française et dans l'opinion roumaine, peu renseignée sur la politique qui engageait formellement le gouvernement du côté des Alliés. M. T. Jonesco fut, avec M. Filipesco, l'âme des différentes organisations qui surgirent pour prêcher l'intervention et pour combattre la propagande allemande. A chaque événement politique ou militaire de quelque importance, les ligues et fédérations nationales convoquaient le public à des réunions retentissantes où le gouvernement était bafoué et pris à partie. Lors de l'intervention italienne, de la prise de Lemberg, de l'attaque et de l'écrasement de la Serbie, l'action des interventionnistes roumains fut d'une énergie embarrassante. Sans doute, elle mettait en échec la propagande allemande qui se faisait sentir surtout parmi les classes ouvrières, travaillées par les idées pacifistes de Racowski, et elle contribuait aussi à tenir en éveil le sentiment national et à le préserver de l'influence corruptrice de l'Allemagne: celle-ci, en même temps que par une presse créée ou achetée *ad hoc*, s'exerçait par la tentation des affaires, trop fructueuses pour les Roumains, que les Allemands, contraints par leur situation économique, concluaient dans le pays. Mais, bienfaisante si elle s'était bornée à ce rôle utile, l'action interventionniste allait souvent au-delà, et devenait alors nuisible. Car tout en provoquant les soupçons des Allemands, elle semait dans les pays de l'Entente le germe du doute. Tandis que l'Allemagne reprochait à M. Bratiano d'avoir transporté des régiments roumains sur la frontière autrichienne, l'opposition roumaine et l'opinion publique des Alliés ne voulaient ni tenir compte de ce fait, ni remarquer que, sur la frontière russe, il n'y avait pas un soldat roumain et pas une tranchée roumaine. Toutes les apparentes concessions faites aux Allemands, visaient à leur faire accepter cette singulière forme de la neutralité roumaine. Lorsque nos interventionnistes d'opposition demandaient au gouvernement de rompre avec les Empires centraux, ils n'avaient pas examiné tous les éléments d'une situation qui pourtant ne leur était ni inconnue ni indéchiffrable dans sa complexité·

Peut-être était-ce par l'effet du caractère et du tempérament des chefs de l'opposition. M. Filipesco était un tempérament brusque et emporté, M. T. Jonesco une intelligence brillante, toute de finesse et de nuances, servie par un talent oratoire sans égal et par un art suprême d'avocat. Dans leur collaboration, M. Filipesco fournissait le thème, le fond du débat, et M. T. Jonesco apportait les arguments. L'intervention à tout prix, sans considération du lieu, du temps, et des moyens, était devenue son idée dominante. L'une des plus libres intelligences roumaines, le chef actuel du parti conservateur se distingue de M. Bratiano et de M. Filipesco en ce que, moins qu'eux, il se sent lié aux intérêts égoïstes de sa race. Sa mentalité a une souplesse notoire; un certain désintéressement intellectuel le rendent plus maniable que bien d'autres.

C'est là le fond de la différence entre les deux hommes d'État qui conduisent aujourd'hui la Roumanie, et c'est pourquoi l'intervention italienne, qui suffisait à l'un pour vouloir que la Roumanie entrât aussitôt dans la guerre, paraissait à l'autre insuffisante encore, aussi longtemps que les conditions et les buts de l'intervention roumaine n'étaient pas clairement établis et garantis par les puissances alliées. Et si, lors de la campagne bulgaro-allemande qui écrasa la Serbie, M. Bratiano crut faire assez de placer les troupes roumaines sur la frontière hongroise pour immobiliser une partie des troupes autrichiennes, M. T. Jonesco aurait voulu déclarer immédiatement la guerre à l'Allemagne, malgré l'échec récent des Russes, l'évacuation de toute la Pologne, de la Bukovine et de presque toute la Galicie, leur recul de plus de mille kilomètres, la perte de leur artillerie et de leurs armements. A ce moment, l'action que la Roumanie aurait dû engager eût été une action séparée, coupée comme elle l'était de tout contact avec les armées russes : or, M. Bratiano avait toujours tenu à éviter semblable situation, car il n'avait jamais cru son pays en état de lutter seul contre les Empires centraux. M. T. Jonesco oubliait encore que les Alliés manquaient eux-mêmes de canons et surtout d'artillerie lourde et que donc, même s'ils l'avaient voulu, ils n'auraient pu en procurer aux Roumains.

V

L'INTERVENTION ROUMAINE

Lorsque la situation militaire des Alliés fut modifiée de telle manière que, raisonnablement, les circonstances parurent propices à l'action de la Roumanie, le roi Ferdinand et M. Bratiano n'hésitèrent pas un moment à prendre devant le pays et devant la race roumaine la responsabilité de déclarer la guerre. Le résultat encourageant de l'offensive de Brusilov rétablissait le contact de l'armée roumaine avec l'armée russe : une action commune avec la Russie devenait donc possible, et la Roumanie n'était plus isolée. Les progrès de leurs industries de guerre permettaient à la France et à l'Angleterre de procurer à l'armée roumaine le matériel qui lui était indispensable : déjà des trains de munitions et d'armements commençaient à arriver par la voie de la Russie. Enfin les négociations diplomatiques aboutissaient. De même qu'elle avait longtemps hésité avec l'Italie, la Russie avait fort tardé avant de reconnaître indispensable l'intervention roumaine. Le gouvernement du tsar, qui avait son arrière-pensée, croyait pouvoir s'en passer : c'est pourquoi il refusait d'admettre les justes revendications de la Roumanie sur le Banat et sur la Bukovine. Pour le Banat, il objectait qu'on ne pouvait pas sacrifier les intérêts des Serbes qui habitent la partie occidentale de ce pays, ni livrer aux Roumains la rive du Danube qui fait face à Belgrade et mettre ainsi la capitale serbe sous une constante menace roumaine· En Bukovine, pays roumain ravi par l'Autriche, la Russie alléguait l'existence d'un élément ruthène assez important. M. Bratiano savait parfaitement que c'étaient là des prétextes, comme il vient d'être avéré par la publication de la note Polivanov. Aux Serbes du Banat, il voulait faire un traitement d'amis. Quant à la menace roumaine contre Belgrade, les Serbes et les Roumains, voisins depuis tant de siècles, n'ont jamais été en guerre: est-ce dans l'avenir, serrés de près, comme ils le seront, par leurs ennemis communs, les Magyars et les Bulgares, qu'ils songeraient à se combattre ou même à se menacer?

Dans les premiers jours d'août 1916, Sturmer et le gouvernement tsariste, malgré les succès de Brusilov, changèrent d'avis et commencèrent à trouver l'intervention roumaine indispensable et même urgente. Les objections qu'ils avaient jusque-là opposées aux revendications roumaines dans le Banat et la Bukovine disparurent comme par enchantement. La convention qui reconnaissait à la Roumanie tous les territoires revendiqués par elle fut signée par le gouvernement russe, approuvée et contresignée par les autres Alliés.

Immédiatement après, un Conseil de la couronne fut convoqué à Bucarest pour prendre la décision finale qui s'imposait. Dans ce conseil, le roi Ferdinand eut une attitude admirable, que les Roumains n'oublieront jamais. Conscient de la grande responsabilité qu'il assumait, — car nul mieux que lui n'était à même de connaître la formidable puissance militaire de l'Allemagne et toutes les forces de résistance et d'attaque dont elle disposait encore; loin de les lui cacher, on les lui montrait même avec ostentation — le roi traversa alors le moment le plus pénible de la vie d'un homme, celui où il déchire le réseau des mille liens immatériels qui l'attachent à son pays d'origine pour tourner les armes contre son ancienne patrie. Il subit l'épreuve noblement et vaillamment. Le devoir catégorique que lui imposait l'avenir du peuple dont il conduisait les destins, il l'accepta et l'accomplit avec un courage qui paraît plus grand encore en regard du cynisme de son impérial parent de Berlin, violateur des traités internationaux et oppresseur des droits des peuples. Dans la personnalité du roi Ferdinand, on rencontre, outre les incontestables qualités des Hohenzollern, certains aspects moraux qui manquent complètement dans la branche impériale et dont il est sans doute redevable à l'hérédité française qui a fortement nuancé son caractère germanique. La loyauté, la noble franchise, le courage rehaussé par une bonne grâce et une bonté d'âme dont l'empreinte se lit facilement sur son visage, sont les traits de ce roi héroïque, martyr pour son peuple.

Sans aucune réserve et sans hésitation, il se mit à la tête de son armée et engagea le grand duel, la lutte inégale de son petit pays adoptif avec le grand pays de ses ancêtres. Il savait bien que les troupes austro-hongroises n'étaient qu'un rideau — encore qu'assez épais — derrière lequel s'accumulaient les divisions de Falkenhayn, avec les formidables ressources militaires, artillerie lourde, mitrailleuses, automobiles blindées et autres, qui, précisément, nous faisaient défaut.

Pendant un mois, l'armée roumaine réussit non seulement à couvrir une frontière de 1.600 kilomètres, plus longue même que le long front russe, mais à franchir les défilés des Carpathes, solidement fortifiés et défendus par des troupes qui, moins nombreuses que les nôtres, étaient d'autant mieux armées. Au prix de durs sacrifices, dans les gorges et les vallées des Carpathes, l'armée roumaine s'empara en moins d'un mois presque du tiers de la Transylvanie, malgré la défense obstinée des troupes austro-hongroises, assez nombreuses même pour se permettre de temps en temps certains retours offensifs et de vigoureuses contre-attaques. On voulait au plus vite raccourcir le front septentrional, en substituant à l'angle que forment les Carpathes la ligne droite qui en est l'hypoténuse.

Malheureusement, l'action de l'armée roumaine resta presque isolée. L'offensive de Brusilov avait cessé à la veille de la déclaration de guerre de la Roumanie. Le front de Salonique, lourdement éprouvé par les maladies, ne fit qu'un simulacre d'offensive, qui cessa bientôt. Sur le front occidental et dans les Alpes italiennes, des offensives partielles furent également de courte durée. Les Allemands purent ainsi constituer une réserve stratégique, forte de vingt divisions, qu'ils lancèrent contre l'armée roumaine.

Le premier coup fut porté par Mackensen, au sud, dans la Dobroudja. La prise de Turtucaïa et de Silistrie marqua le commencement de nos revers. La Russie, prisonnière de son illusion bulgare, n'avait consenti, malgré les instances de M. Bratiano, qu'à envoyer deux divisions et insuffisamment armées. Les Bulgaro-Allemands n'ayant rien à craindre sur le front de Salonique, purent lancer de gros effectifs contre le front russo-roumain de Dobrodgea, et le rompre. Le commandement roumain dut prendre quelques divisions sur le front transylvain pour les porter au secours de l'armée de Dobrodgea. A peine leur déplacement signalé, Falkenhayn s'empressa de lancer ses divisions fraîches, massées en Transylvanie, contre les forces roumaines de Petroshani. Les différents secteurs de ce front furent attaqués l'un après l'autre, avec le gros des forces germaniques, formidablement outillées. Surprises et accablées par la supériorité du nombre et de l'armement, les troupes roumaines reculèrent avec de grosses pertes d'hommes et de matériel.

Nous ne ferons pas ici l'historique de la défaite roumaine. Rappelons seulement que, malgré toutes les pertes subies, l'infériorité de son armement et de ses moyens techniques, l'armée roumaine, pendant deux longs mois, s'accrocha aux montagnes, aux défilés des Carpathes, et résista aux assauts furieux des meilleures troupes bavaroises et prussiennes· En mê_ e temps, elle infligea aux troupes de Mackensen, en Dobrodgea, des échecs sanglants, et plus d'une fois les fit reculer. Mais, après ces deux mois de combats acharnés, épuisés par la fatigue, accablés par le nombre, les régiments roumains qui, depuis trois mois, ne connaissaient ni la relève ni le repos,•furent débordés. Le front étant trop long, l'ennemi trouvait toujours des endroits par où s'infiltrer. Une brèche fut faite dans le secteur de Tirgu-Jiului, seul endroit où la résistance roumaine fut brisée, malgré une brillante victoire remportée la veille sur les troupes bavaroises. Par cette brèche les divisions de cavalerie de Falkenhayn envahirent la plaine de la Petite-Valachie et commencèrent la poursuite de l'armée roumaine, qui se retirait vers Bucarest. Elles menaçaient de couper les lignes de retraite des troupes roumaines qui luttaient victorieusement dans les autres secteurs des Carpathes: aussi ces troupes durent-elles faire retraite pour ne pas être enveloppées. A la suite de ce succès allemand en Valachie, les troupes bulgaro-turco-allemandes de Mackensen passèrent le Danube et donnèrent la main aux troupes germano-magyares de Falkenhayn. Avec des chances alternantes, la lutte se poursuivit avant et après la chute de Bucarest. Les forces russes étant, enfin, arrivées en nombre suffisant, l'avance allemande fut ralentie et définitivement arrêtée devant Galatz et sur la ligne du Sireth.

Ainsi fut perdu en quelques mois le fruit du travail de plusieurs générations. Toute la prospérité d'un pays riche et florissant fut détruite et consumée par le feu. Un hiver d'une rigueur inouïe accentua le désastre et les calamités générales. Cependant, avec les premiers rayons du soleil printanier, et grâce au concours de la mission militaire française, l'armée roumaine se refit, se réorganisa, et un nouvel espoir l'anima pour de nouvelles luttes et pour la revanche. En juillet dernier, un commencement d'offensive lui valut une avance en profondeur de presque 20 kilomètres, quelques milliers de prisonniers, un butin considérable et la capture d'à peu près 80 canons. Si le désastre russe en Galicie n'était pas survenu, la Valachie, ou tout au moins la région jusqu'à Bucarest, serait probablement aujourd'hui libérée. Quelques semaines plus tard, cette même armée, soutenue par les divisions russes voisines, infligea à Mackensen un nouvel échec, et l'obligea de renoncer à une offensive qu'il avait dirigée contre Marashesti avec des forces de beaucoup supérieures en nombre et en moyens techniques.

Aujourd'hui l'armée roumaine et le peuple roumain tout entier se trouvent aux prises non seulement avec les attaques menaçantes de l'ennemi, mais avec l'anarchie qui s'est déchaînée en Russie. Si cette anarchie se prolonge, les troupes roumaines risquent d'être faites prisonnières par les Germano-Bulgares ou de mourir de faim. Leur situation est la plus tragique de toute cette guerre: c'est le calvaire inévitable qui doit précéder la rédemption de toute une race; le prix dont elle paie la réalisation d'un idéal séculaire.

D. DRAGHICESCO.